FAUST EN MÉNAGE

Fantaisie lyrique en un acte

Représentée pour la première fois au Théâtre de la Potinière, à Paris

en 1923

DIRECTION DE M. AUDIER

FAUST
EN MÉNAGE

Fantaisie lyrique en un acte

DE

ALBERT CARRÉ

MUSIQUE DE

CLAUDE TERRASSE

PRIX : 2 FRANCS NET

PARIS

CHOUDENS, ÉDITEUR

30, BOULEVARD DES CAPUCINES, 30

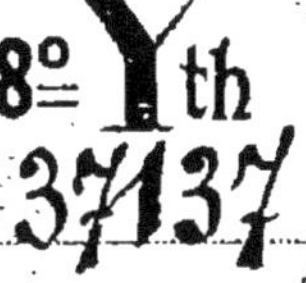

FAUST

EN MÉNAGE

Fantaisie lyrique en un acte

DE

Albert CARRÉ

MUSIQUE DE

Claude TERRASSE

PRIX : 2 FRANCS NET

PARIS

CHOUDENS, ÉDITEUR

30, BOULEVARD DES CAPUCINES, 30

PERSONNAGES

LE DOCTEUR FAUST . . . . 45 ans.

MÉPHISTO . . . . 60 ans.

SIÉBEL . . . . 30 ans.

MARGUERITE . . . . Toujours 20 ans.

DAME MARTHE. . . . . Hors d'âge.

HÉLÈNE . . . .

Époque XVIe siècle.

FAUST EN MÉNAGE

*Le jardin de Marguerite, devenu jardin botanique, dans lequel
le Docteur Faust cultive des plantes médicinales. Chaque fleur
est ornée d'une étiquette. A droite, selon la tradition, le pavillon
avec porte, fenêtre et petit perron. Au premier plan, de plain-pied,
une cuisine attenante à la maison. A gauche, bosquet, gros arbre,
le puits. Au fond, la porte d'entrée percée dans le mur. Au-dessus
du mur, la ville, la cathédrale. Sièges dans le jardin. Un rouet.
Outils de jardin. Filet à papillons. Une table ronde.*

SCÈNE PREMIÈRE

SIÉBEL

(Il paraît à la porte du fond qu'il ouvre avec précaution. C'est
un solide gaillard de trente ans, très barbu, revêtu d'un vête-
ment militaire et d'un casque. Il s'avance, regarde du côté de
la maison, pousse un soupir, la main sur son cœur, puis, tout en
chantant, se met à arracher les fleurs du jardin dont il fait un
bouquet.)

AIR

Faites-lui mes aveux,
Portez mes vœux,
Fleurs écloses près d'elle,
Dites-lui qu'elle est belle,
Que mon cœur, nuit et jour,
Languit d'amour.

(S'avançant vers la rampe son bouquet à la main.)

Mon bouquet n'est-il pas charmant?

LE CHEF D'ORCHESTRE

Charmant!

SIÉBEL, *hurlant.*

Victoire! Victoire!

(Dame Marthe sort de sa cuisine. Elle a un tablier.)

SCÈNE II

SIÉBEL, DAME MARTHE.

DAME MARTHE, *apostrophant Siébel.*

Qu'est-ce que vous faites ici? Qui demandez-vous? Si c'est Mademoiselle Victoire, c'est en face. Ici, c'est Marthe Schwerlein qu'on s'appelle.

SIÉBEL

Vous ne me reconnaissez donc pas?

MARTHE

Ma foi, non.

SIÉBEL

Siébel... je suis Siébel.

MARTHE

Le petit Siébel?

SIÉBEL

Lui-même.

MARTHE

Vous vous moquez... Siébel était tout mignon, l'air d'un page, ou plutôt d'une fillette déguisée.

SIÉBEL

Il y a quinze ans de cela.

MARTHE

Je le vois encore, venant, chaque matin, déposer timidement son petit bouquet sur la fenêtre de Marguerite.

SIÉBEL

Et justement... le voici mon bouquet.

(Il lui présente son bouquet.)

MARTHE, *le lui arrachant.*

Miséricorde! nos plantes médicinales les plus rares, celles auxquelles le docteur tenait le plus... Je ne vous conseille pas de vous trouver à sa portée, quand il verra ce que vous avez fait de son jardin botanique.

SIÉBEL, *contrit.*

Est-ce que je savais, moi, que c'était à présent un jardin botanique.

MARTHE

Vous n'avez donc pas remarqué les étiquettes?

SIÉBEL

Non.

MARTHE

Tenez... il y en a une dans le bouquet.

SIÉBEL

Je suis désolé.

MARTHE

Alors, quand vous apportiez un bouquet à Marguerite, c'est dans son jardin que vous l'aviez cueilli?

SIÉBEL

Toujours.

MARTHE

Vous ne vous ruiniez pas. (*Elle dépose le bouquet.*) Et qu'est-ce que vous êtes devenu depuis quinze ans, que vous voilà si fort et si barbu?

SIÉBEL

Je me suis engagé. (*Fièrement.*) J'ai quinze ans de service.

MARTHE

Et toujours simple soldat?

SIÉBEL

Hélas, ouil... Je commence à croire que je n'avais pas la vocation.

MARTHE, *s'asseyant.*

Aussi, quelle drôle d'idée! Quand vous est-elle venue?

SIÉBEL

C'est le jour où Marguerite est devenue la femme du docteur Faust.

MARTHE

Vous saviez bien pourtant qu'elle l'aimait.

SIÉBEL, *éclatant en sanglots.*

J'espérais qu'il la tromperait, qu'il la battrait, qu'il l'abandonnerait, qu'elle en ferait une grave maladie... et que je serais là pour la consoler.

(Il s'assied sur les genoux de Marthe.)

MARTHE

A la bonne heure... Voilà qui s'appelle aimer... *(Reniflant.)* Tu me chatouilles avec ta barbe... Tu feras bien de couper ça... ça ne te va pas.

SIÉBEL, *lui tirant les poils qu'elle a au menton.*

A toi non plus.

MARTHE

Je l'adore ce gamin-là.

(Elle veut l'embrasser. Il se lève.)

SIÉBEL, *essuyant ses yeux et se mouchant.*

Et alors... Ils vont bien?

MARTHE

Ils ne vont pas mal. Le docteur est très considéré. Il a été nommé professeur de paléontologie au Muséum... il est échevin, il a les palmes, il a pris du ventre.

SIÉBEL, *souriant.*

Tant mieux.

MARTHE

Ne te berce pas d'un fol espoir. Elle l'aime toujours.

SIÉBEL, *redevenu triste.*

Tant pis... Comment est-elle?

MARTHE

Toujours belle, toujours fraîche.

SIÉBEL

Vrai?

MARTHE

Un bouton de rose. C'est à ne pas croire. Nous vieillissons tous autour d'elle, le docteur se lasse, moi, je me voûte, Méphisto est couvert de douleurs... Elle seule reste jeune... C'est comme un miracle.

SIÉBEL, *craintif.*

M. Méphisto est toujours ici?

MARTHE

Oh! il n'est plus à craindre. Le pauvre homme a bien changé.

SIÉBEL

Qu'est-ce qui lui est arrivé?

MARTHE

Il lui est arrivé qu'il a perdu tout son pouvoir... de sorte qu'il n'est plus bon à rien... à rien du tout... Monsieur et Madame ont eu pitié de lui et il vit à leurs crochets (*Avec rancune*) et aux miens.

SIÉBEL

Et... où est-elle, Marguerite?

MARTHE

A l'église... Où veux-tu qu'elle soit?... (*Musique.*)
Et tiens, c'est elle.

SIÉBEL

Voilà que j'ai peur. Si elle allait mal me recevoir...
Prépare-la un peu... Dis-lui que je l'aime toujours.
Donne-lui mon bouquet... son bouquet.

MARTHE

Je m'en garderai bien... J'en vais faire de la
tisane. (*Elle cache le bouquet sous son tablier.*) La
voilà.

> (*Siébel disparaît derrière le bosquet. Marguerite paraît au
> fond. Elle a différents petits paquets à la main, avec son
> livre de messe.*)

SCÈNE III

MARTHE, MARGUERITE, SIÉBEL, *caché.*

SIÉBEL, *caché, à part.*

Marthe avait raison. Elle a vingt ans.

MARGUERITE

Marthe! les nouilles sont sur le feu?

MARTHE

Oui, Madame.

MARGUERITE

Tiens, en sortant de l'église, j'ai pris, en passant,
un peu de galantine... Le docteur adore la galantine.

(*Elle lui donne un petit paquet.*)

SIÉBEL, *à part.*

Comme elle l'aime!

MARGUERITE

Et puis des pommes... Le docteur adore les
pommes. (*Elle lui donne un second paquet.*) Tu les
feras cuire.

MARTHE

Bien Madame.

(*Elle va pour sortir.*)

MARGUERITE, *la rappelant.*

Avec du beurre.

MARTHE

Oui, Madame.

MARGUERITE, *de même.*

Et de la cannelle.

MARTHE

Entendu.

(*Elle entre dans sa cuisine dont elle laisse la porte ouverte.*)

SIÉBEL, *à part.*

Sortons... je ne puis en entendre davantage.

(*Il sort, désespéré, par le jardin.*)

SCÈNE IV

MARGUERITE, *seule*, MARTHE, *puis* FAUST.

MARGUERITE, *élevant la voix.*

Dame Marthe!

(*Elle prépare son rouet.*)

LA VOIX DE MARTHE

Madame?

MARGUERITE

Reste-t-il du café?

MARTHE

Un peu.

MARGUERITE

Et du sucre?

(*Elle s'assied.*)

MARTHE

Aussi...

(*Elle ferme la porte de sa cuisine.*)

DUO

MARGUERITE, *au rouet, pensive.*

Le sucre est hors de prix. On ne sait comment faire
Il va monter encore... Ah! que la vie est chère!

(*Elle file en chantant.*)

Il était un roi de Thulé...

FAUST, *paraissant au fond.*

Qui jusqu'à la tombe fidèle...

(*Marguerite se lève et va l'embrasser.*)

Tu chantais?

MARGUERITE

Je chantais.

FAUST

Si j'ai bonne mémoire,
Ah! que de fois
Tout en filant, tu me l'as chantée autrefois
L'histoire
De ce vieux monarque

(*Il se dirige vers la maison.*)

MARGUERITE, *piquée.*

Aujourd'hui
Lorsque je la chante
C'est vous qui filez.

FAUST, *avec un doux reproche.*

Méchante!

MARGUERITE

Tous nos chers souvenirs de votre cœur ont fui.

FAUST, *protestant mollement.*

Mais non, mais non.

MARGUERITE

A la Kermesse

(Tendrement.)

Lorsque tu me vins arrêter
Et que j'eus, moi, la faiblesse
De t'écouter,
Que m'as-tu dit?

FAUST, *cherchant un peu.*

J'ai dit... Mademoiselle,
Ecoutez-moi donc

MARGUERITE

Mais non, ce n'est pas ça, mais non,
Tu m'as dit, je me le rappelle,
« Ne permettrez-vous pas, ma belle demoiselle,
Qu'on vous offre le bras, pour faire le chemin? »

FAUST

Et ça n'a pas traîné, car, dès le lendemain,
Au clair d'une lune
Opportune
Dans ce jardin

MARGUERITE

Parfumé de myrte et de rose,
Discrètement.

FAUST

Je pénétrais à la nuit close.

MARGUERITE

Et nous faisions le serment
De nous aimer d'une ardeur éternelle!

ENSEMBLE

Eternelle!

MARGUERITE

As-tu tout oublié?

FAUST

Mais non, je me rappelle.

(D'un air las.)

Eternelle!

(Bonhomme.)

On dit cela, tu comprends bien...

MARGUERITE

Au fond, cela n'engage à rien.

FAUST, *la consolant.*

Le temps modifie
Tant de choses... Ayons de la philosophie.

ENSEMBLE

MARGUERITE

Maudite, la philosophie!

FAUST

Ayons de la philosophie!

SCÈNE V

LES MÊMES, DAME MARTHE.

MARTHE, *paraissant sur le seuil de la cuisine.*

Le dîner est prêt.

FAUST, *joyeux*

Bonne nouvelle! A table!

MARGUERITE

Nous n'attendons pas Méphisto?

FAUST

Ah oui, Méphisto!... Toujours en retard.

MARGUERITE, *à Faust.*

Le couvert dans le jardin?

FAUST, *indifférent.*

Si tu veux. (*Marguerite dispose le couvert.*) (*A Marthe.*) Et qu'est-ce que nous avons ce matin... le menu?... Non attends que je devine... OEufs à la coque.

MARTHE

Justement.

FAUST

Galantine.

MARTHE

Précisément.

FAUST

Nouilles au fromage.

MARTHE

Mais oui. .

FAUST

Et une pomme bonne femme... Avec de la cannelle.

MARTHE

C'est bien cela. (*A Marguerite.*) Comme Monsieur
devine bien!

FAUST, à *part.*

Pas malin. C'est tous les jours la même chose...
(*Allant vers la porte du fond.*) Mais qu'est-ce qu'il
fait, cet animal-là? Il ne pourrait pas être à l'heure?...
Ah! le voilà.

> (*Méphisto paraît au fond. Un Méphisto minable, dont le
> costume rouge est râpé, le maillot rapiécé. Il n'a pas
> d'épée, ni de petit manteau. La plume de sa toque pend
> lamentablement, il boîte.*)

SCÈNE VI

LES MÊMES, MÉPHISTO.

MÉPHISTO, *chantant.*

Me voici. D'où vient ta surprise. .

FAUST, *sèchement.*

Enfin.

MÉPHISTO

Je suis en retard?

MARGUERITE, *bonne.*

A peine.

MÉPHISTO, *amer.*

Je vous demande pardon, je vous demande humble-
ment pardon, mais j'ai dû me présenter, ce matin,
chez le Directeur de l'Assistance publique pour cette
place de contrôleur du droit des pauvres qui m'était
offerte... Il demeure à l'ange.

FAUST, *qui ne comprend pas.*

A l'ange?

.MÉPHISTO

Au diable, si vous préférez... moi, j'aime mieux
dire : à l'Ange... Et vous le savez, je marche diffici-
lement.

(Il montre son pied fourchu.)

FAUST

Alors, c'est fait?

MÉPHISTO

Non... Cette place me souriait... Etre le représen-
tant de ceux qui ont pour habitude de tirer le diable
par la queue, rien ne pouvait mieux me convenir...
Cependant...

FAUST

Cependant?

MÉPHISTO

Je n'ai pas cru devoir accepter.

MARGUERITE

Pourquoi?

MÉPHISTO

Ma dignité me le défendait.

FAUST

Pour quelle raison?

MÉPHISTO

L'habit noir est de rigueur.

FAUST et MARGUERITE

Eh bien?

MÉPHISTO

Méphisto en habit noir?... Comme dans la *Damnation*, alors, le dimanche, chez Colonne... jamais... renoncer à mon costume traditionnel, à tout ce qui me reste de ma splendeur passée?... je ne saurais y consentir... Je trouverai à gagner ma vie comme je suis... ou je renoncerai à tout et je m'en retournerai (*Sombre*) là-bas.

MARGUERITE, *effrayée.*

Là-bas?

MÉPHISTO, *d'une voix caverneuse.*

Là-bas.

(*Le ciel s'obscurcit, projection rouge sur Méphisto. Léger roulement de tonnerre. Marthe qui entrait en scène, laisse tomber une assiette qui se brise.*)

FAUST

Un orage?

(*Le jour revient.*)

MARTHE, *tremblant.*

Mais non... le ciel est tout bleu... (*Coup d'œil méfiant sur Méphisto.*) On n'est jamais tranquille avec cet homme-là.

FAUST, *voyant le plat sur la table.*

Allons, allons, les œufs sont sur la table, ne les laissons pas refroidir...

(*Tout le monde s'assied.*)

MARTHE

Il y en a deux d'hier et un de ce matin... je l'ai marqué d'une croix.

MÉPHISTO, *sur le point de s'asseoir, fait un bond en arrière.*

D'une croix! Ah! ah! (*Il regarde Marthe avec haine.*) D'une croix... Le chameau!

FAUST

Méphisto... qu'est-ce que vous attendez?... à table, et servez-vous.

(*Il lui passe le plat.*)

MÉPHISTO, *plongeant sa main sous la serviette qui recouvre les œufs.*

Ah!... l'œuf à la croix... c'est moi qui l'ai! c'est moi qui l'ai...

(*Epouvanté, il grimpe sur sa chaise et lâche l'œuf qui s'écrase sur la table.*)

FAUST

Oh!... un œuf du jour... Quelle désolation!

MÉPHISTO, *piteux.*

Pardon...

(*Il redescend de sa chaise.*)

FAUST, *à Marthe.*

La suite... (*Elle dessert.*) On n'est pas maladroit comme ça!

MÉPHISTO, *pincé.*

Vous me faites durement sentir, cher docteur, la triste obligation où je me trouve d'abuser de votre hospitalité, de vos bienfaits...

MARGUERITE

Qui dit cela?... Que parlez-vous de bienfaits?... C'est vous qui êtes notre bienfaiteur, notre sauveur... Faust, dis-lui donc que nous n'oublierons jamais ce qu'il a fait pour nous.

FAUST, *tiède.*

Mais non, nous n'oublierons jamais.

MARGUERITE

C'est sublime, ce qu'il a fait.

(*Elle fait signe à Faust.*)

FAUST, *froidement.*

Sublime.

MÉPHISTO, *simplement.*

C'est vrai.

MARGUERITE

Il a tout sacrifié, son rang, son pouvoir, son ambition, son avenir... tout, par amitié pour nous.

MÉPHISTO, *généreux.*

Je ne regrette rien.

MARGUERITE, à *Faust.*

Sans lui, tu serais en train de rôtir aux flammes de l'enfer. (*Méphisto lui fait signe de parler prudemment.*) Mon pauvre ami... Il a eu pitié de nous, ce bon Méphisto, et, pour ne pas désunir deux êtres qui s'aimaient, il a manqué à la parole qu'il avait donnée à Satan.

(*Violent coup de tonnerre.*)

MÉPHISTO

Prenez garde!

MARGUERITE, *baissant la voix.*

Oui, oui... la parole qu'il avait donné à... Machin... tu sais bien... la promesse qu'il avait faite de lui livrer ton âme... Alors, Machin, pour se venger, a mis Méphisto à la retraite... Et voilà pourquoi notre cher ami n'est plus qu'un diable honoraire.

(*Elle lui tend la main.*)

MÉPHISTO

Honoraire... pour le moment.

FAUST, *vivement.*

Pour le moment?... Tu espères donc?...

MÉPHISTO

Chut!... Je n'ai rien dit.

FAUST

Si tu pouvais te réconcilier avec... (*Signe de Mé-phisto.*) oui, oui, avec Machin... C'est ça qui serait fameux... ça vaudrait mieux qu'une place de contrô-leur du droit des pauvres, hein, vieux Méphisto, ce cher ami, tu sais qu'on t'aime bien ici... Qu'est-ce que tu lui demanderais pour commencer, à Machin?

MÉPHISTO

Je lui demanderais de me débarrasser de mes sacrés nom de... chose... de rhumatismes.

FAUST

Egoïste! il ne pense qu'à lui... mais tes rhuma-tismes, ça me regarde... ne suis-je pas docteur?... (*Il se lève.*) J'ai là une plante d'*Aconitus napellus*... c'est souverain... (*Il cherche dans le jardin.*) Où est-il donc, mon *Aconitus napellus*?... (*Il constate les dégâts commis par Siébel.*) Mais qu'est-ce donc qui s'est passé dans mon jardin botanique?... Un cata-clysme, un tremblement de terre? Toutes mes plantes coupées, arrachées... (*Poussant des cris désespérés.*) Où est mon *Polygonatum multiflorum?* et mon *Bibicus palustris*... (*Criant.*) Mais qui est-ce qui a fait ça? Qui est-ce qui a fait ça?

(*Il est assis par terre.*)

MARTHE

Je ne sais pas, monsieur... on a dû laisser entrer la vache... tenez, j'en suis sûre... c'est la vache... voici la trace de son pied fourchu.

MÉPHISTO

Ou donc?

MARTHE, *montrant par terre.*

Là!

MÉPHISTO, *après examen.*

Ce n'est pas un pied de vache... C'est le mien.

FAUST, *qui a trouvé par terre un débris de plante.*

Voilà tout ce qui reste du *Hévisticus fétidis...* (*Il sanglote.*) C'est épouvantable!

MARGUERITE, *désolée.*

Mon ami, calmez-vous.

FAUST, *se relevant.*

Ah! si je le tenais, celui qui a dévasté mes plates-bandes... si je le tenais... je crois que je l'étranglerais...

MARTHE, *à part.*

Pauvre Siébel... (*Haut.*) On vous dit que c'est la vache.

MÉPHISTO et MARGUERITE

On vous dit que c'est la vache.

FAUST, *à Marguerite.*

Si vous ne passiez pas tout votre temps à l'église, les vaches ne viendraient pas brouter dans le jardin... mais, ça vous est égal, n'est-ce pas, ça vous est bien égal... pourvu que vous chantiez le *Roi de Thulé...* oh! le *Roi de Thulé...* le *Roi de Thulé!*

(*Il sort au comble de la fureur.*)

SCÈNE VII

LES MÊMES, *moins* FAUST.

MARGUERITE

Et voilà... C'est ainsi qu'il est avec moi, à présent.

MÉPHISTO

Je suis stupéfait.

MARGUERITE

Me traiter de la sorte, pour quelques misérables plantes...

MARTHE

Faut-il servir le café ?...

MARGUERITE

Certainement... quand on pense qu'il est parti sans prendre son café...

(Elle va à la porte du fond, l'ouvre et regarde au dehors.)

MÉPHISTO, à *Marthe.*

Marthe, je n'ai plus de tabac... Vous n'auriez pas...

(Il tend la main.)

MARTHE, *sèchement.*

Ça vous fait mal de fumer.

(Elle rentre dans sa cuisine.)

SCÈNE VIII

MÉPHISTO, MARGUERITE.

MÉPHISTO, *amer, à part, regardant sortir Marthe.*

Bon, bon, tu me paieras cela.

MARGUERITE

Ah ! Méphisto, il ne m'aime plus.

MÉPHISTO

Que voulez-vous ?... Il prend de l'âge.

MARGUERITE

Et je reste jeune. C'est de ça qu'il m'en veut, voyez-vous ?

MÉPHISTO

C'est bien possible.

MARGUERITE

Pourquoi cette injustice ? Pourquoi est-ce que je ne vieillis pas moi aussi ? Vous ne pourriez pas m'ajouter quelques années, quelques rides ?

MÉPHISTO

Vous consentiriez ?

MARGUERITE

Que ne donnerais-je pas pour le ramener à moi !... (*Câline*) Vrai, vous ne pourriez pas ?

MÉPHISTO

Si j'avais ce pouvoir, je l'emploierais à rajeunir Faust, à lui rendre son amour, son ardeur de jadis.

MARGUERITE

Vous croyez qu'il préférerait ?

MÉPHISTO

Et vous ?

MARGUERITE

Oh ! moi, ça m'est égal... Pourvu qu'il soit heureux.

MÉPHISTO, *bas.*

Cela ne dépend que de vous.

MARGUERITE

De moi ?

MÉPHISTO, *voyant entrer Marthe.*

Chut !

SCÈNE IX

LES MÊMES, MARTHE.

MARTHE, *apportant le café.*

Voilà le café... (*A Méphisto.*) Eh bien, Monsieur le sorcier, qu'attendez-vous pour remettre notre jardin en état ?... Cela vous était facile autrefois. Vous n'aviez qu'un signe à faire et les fleurs sortaient de terre, poussaient, s'épanouissaient... Allons, faites un signe... rien qu'un petit signe...

(Elle rit.)

MÉPHISTO, *bas, à Marguerite.*

Elle se gausse, vous l'entendez, elle se gausse.

MARGUERITE

C'est bon, dame Marthe, c'est bon.

MARTHE, *en sortant.*

Quand on pense qu'il nous faisait peur, ce vieux débris.

SCÈNE X

MARGUERITE, MÉPHISTO.

MÉPHISTO, à *part.*

La rosse !... mais ça va finir !... Oh ! oui, ça va finir !

MARGUERITE, *servant le café.*

Vous disiez qu'il ne dépendait que de moi.

MÉPHISTO, *hésitant.*

Oui... voilà... vous allez tout savoir... Promettez-moi de ne pas vous fâcher...

MARGUERITE, *riant.*

Je vous le promets... allez donc.

MÉPHISTO

Dame... c'est qu'il faut que vous m'encouragiez un peu... Voilà quinze ans que j'hésite à parler... mais aujourd'hui il le faut, pour votre bonheur, pour celui de Faust, pour le mien... je vous vois en si bonnes dispositions...

MARGUERITE

Allez, allez.

MÉPHISTO, *se décidant.*

Voilà... Le jour où je comparus devant Satan. (*Roulement de tonnerre. Se retournant vers le fond.*) Eh bien quoi ? Il faut bien que je lui explique... (*Il se reprend.*) Le jour où je comparus devant mon maître. (*Il prête l'oreille.*) Ah ! tu permets... C'est heureux !... Le jour où, pour n'avoir pas exécuté la mission dont j'avais été chargé, je fus condamné à cet état d'infériorité qui fait de moi la risée des petits enfants (*Coup d'œil haineux vers la cuisine*) et des vieilles cuisinières, je me jetai aux pieds du patron, j'implorai ma grâce... Il me la promit. « Tu m'as volé, me dit-il, l'âme de Faust, je te l'abandonne... mais, je ne te pardonnerai, je ne te rendrai dignité, pouvoir et le reste que le jour où, en échange, tu m'auras livré l'âme de Marguerite.

MARGUERITE, *émue.*

Mon âme ?

MÉPHISTO

Vous hésitez ?

MARGUERITE

Dame, écoutez-donc... mon âme !...

RONDEAU, VALSE.

Avec fierté, chacun proclame
Avoir une âme
Mais en vérité, nul ne sait
Comment c'est fait ;
Est-ce dans le cœur qu'elle habite
Ou bien son gîte
Est-il dans la tête... ou plus bas ?
On ne sait pas (*ter.*)
Quelle est sa forme et sa figure,
Sa couleur, son poids, sa mesure,
On n'en sait rien, (*bis*)
Non, rien de rien ! (*bis.*)
Quel est son parfum, son arôme,
Est-ce la rose qu'elle embaume
Ou le jasmin ?
On n'en sait rien,
Mais on y tient.
Un jour, s'élançant de la terre
Dans le mystère,
L'âme invisible à tous les yeux
Remonte aux cieux
Sans bruit, sans laisser de sillage
Sur son passage,
Ce n'est qu'un souffle, une ombre, un rien,
Mais on y tient.

MÉPHISTO

Vous m'avez dit que pour rendre à Faust son
ardeur, sa jeunesse.

MARGUERITE

Je donnerais tout, c'est vrai... je l'ai dit... tout de
même avant de me décider... je voudrais savoir...

MÉPHISTO

Quoi donc ?

MARGUERITE

Si, quand vous lui aurez rendu son ardeur, sa jeunesse, ce n'est pas une autre qui en profitera.

MÉPHISTO

Une autre ?

MARGUERITE, *s'animant.*

Enfin, si c'est bien moi qu'il aimera, moi seule...
Une autre, ce ne serait pas juste... Car enfin, si je
donne mon âme, il faut bien que j'aie une petite com-
pensation... Vous me comprenez, mon bon Méphisto,
dites-moi que vous me comprenez.

MÉPHISTO

Il n'aimera que vous.

MARGUERITE

Vous me le jurez.

MÉPHISTO

Je vous le jure.

MARGUERITE

Alors, c'est convenu. Donnez vite que je signe.

MÉPHISTO

Il n'y a rien à signer, mais il nous faut un gage.

MARGUERITE

Quel gage ?

MÉPHISTO

Je ne sais trop comment vous dire ça... Aidez-moi
un peu.

MARGUERITE

Je vous dis que je suis prête à tout.

MÉPHISTO

Eh bien... Nous avons de tout là-bas, des banquiers,
des ministres, des danseuses, des évêques, des chanoi-
nesses, mais nous ne recevons pas les femmes fidèles.

MARGUERITE

C'est mal vu ?

MÉPHISTO

Très mal porté !

MARGUERITE

Alors ?

MÉPHISTO

Alors... il serait indispensable, en signe de soumis-
sion à (*Geste du pouce derrière lui.*) Machin... que
vous fissiez comme les autres... que vous trompiez
votre mari.

> (*Il a dit ces derniers mots avec précaution, s'attendant à
> un éclat.*)

MARGUERITE, *simplement.*

Si ça devait le rendre heureux.

MÉPHISTO, *stupéfait.*

Vous ne m'avez pas bien compris... il s'agit...

MARGUERITE

Mais si, je vous ai très bien compris... très bien... mais par exemple, il faut que vous me garantissiez qu'il sera heureux, tout à fait heureux.

MÉPHISTO, *ne trouvant pas de mot pour exprimer combien Faust sera heureux.*

Oh !... oh !...

MARGUERITE

Alors, ça va.

MÉPHISTO, *esssuyant son front.*

Ouf !... si j'avais su... quand on pense que voilà quinze ans que je tourne autour du pot !

MARGUERITE

Dites-moi, faudra-t-il que je l'avertisse.

MÉPHISTO

Qui cela ?

MARGUERITE

Mon mari.

MÉPHISTO

Ah non ! Ah non ! Par exemple... Ce n'est pas l'usage.

MARGUERITE

C'est que je lui dis tout.

MÉPHISTO

Vous garderez cela pour vous. Ce sera un petit secret.

MARGUERITE

A nous deux.

MÉPHISTO

A nous trois.

MARGUERITE

A nous trois ?... Pourquoi à nous trois ?... De qui parlez-vous ?

MÉPHISTO

Eh bien, et l'autre... Il faut bien qu'il sache, l'autre.

MARGUERITE

C'est vrai... Je n'y pensais pas du tout à l'autre.

MÉPHISTO

On ne peut pas s'en passer.

MARGUERITE

J'entends bien... Mais qui sera-ce l'autre ?

MÉPHISTO

Ah ! je n'en sais rien encore... Nous allons chercher.

MARGUERITE, *riant.*

Ensemble !

MÉPHISTO, *riant.*

Ensemble !

MARGUERITE

Ça va être amusant.

MÉPHISTO

Je vais m'en occuper.

MARGUERITE

Oui, oui, tout de suite.

MÉPHISTO

Vous êtes bien décidée ?

MARGUERITE

Tout à fait décidée.

MÉPHISTO, *à part*

Je ne pensais pas que ce serait si facile.

(Il sort en chantant.)

Daignez m'attendre ici.

SCÈNE XI

MARGUERITE *seule, puis* MARTHE *et* SIÉBEL.

MARGUERITE, *reprenant son rouet et sa chanson.*

Il était un roi de Thulé.

(*Marthe vient desservir la table.*)

Je voudrais bien savoir quel sera ce jeune homme,
Sera-t-il brun ou blond?... Bah! que m'importe en somme.

(*Siébel paraît.*)

MARTHE, *l'apercevant.*

Ah! Siébel... (*Elle échange des signes avec lui.*)
Oui, elle est seule... vous pouvez venir... (*Siébel
s'approche timidement.*) Allons donc... (*Elle l'encou-
rage par gestes, elle lui montre sa barbe, un homme*

qui a de la barbe n'a rien à craindre.) Allons donc...
(A part.) Ce serait cocasse tout de même si notre professeur en allait porter comme son ami, le diable.

> *(Geste significatif. Elle sort, emportant la vaisselle.)*

SCÈNE XII

MARGUERITE, *apercevant Siébel.*

C'est lui... *(Emue.)* Déjà !

> *(Siébel ne dit mot, tournant gauchement son chaperon
> dans ses doigts.)*

MARGUERITE, *à part.*

Les grands Seigneurs ont tous des airs si résolus
Avec cette douceur.

> *(Silence.)*

DUO

On m'avait prévenue
Et je vous attendais.

SIÉBEL, *très intimidé.*

Vraiment... Je suis confus.

MARGUERITE

Vous venez... pour la chose convenue ?
Asseyez-vous...

> *(Il s'assied.)*

Mon mari va rentrer,
Nous allons le tromper... Mais vous serez discret
Car il faut qu'il ignore...

(Stupéfaction de Siébel.)

Vous paraissez surpris... ?
Mon mari... Je l'adore,
Nous allons le tromper... N'avez-vous pas compris ?

SIÉBEL, *à part.*

Elle autrefois et si chaste et si pure !
Ah ! comme elle est changée !

MARGUERITE

Eh bien !
Que dites-vous ?

SIÉBEL, *navré.*

Je ne dis rien.

MARGUERITE, *à part, riant.*

O la triste figure !

ENSEMBLE

MARGUERITE

Si c'est l'amant qu'on m'a choisi,
Le choix est réussi,
Je ne sais que lui dire
Tout mon courage expire.

SIÉBEL

De l'entendre parler ainsi
Je suis tout cramoisi
Je ne sais que lui dire
Mon pauvre cœur soupire.

MARGUERITE

Vous êtes militaire ?

SIÉBEL

Oui !

MARGUERITE

Capitaine ?

SIÉBEL

Non !

MARGUERITE, *provocante.*

Le grade importe peu.
J'aime les militaires... Feu
Mon frère
Etait soldat... J'adore les plumets
Les casques, les tambours, les clairons, les mousquets,
J'aime les militaires.
J'aime leurs façons cavalières
J'aime les militaires !

SIÉBEL, *tombant à ses pieds.*

Marguerite, ce n'est pas vous.
Cessez, cessez ce badinage,
Vous me voyez à vos genoux,
Ne parlez plus un tel langage !

Pitié ! car j'ai la tête en feu !
Dites-moi, que c'est raillerie !
Dites-moi que ce n'est qu'un jeu !
Marguerite, je vous en prie.

MARGUERITE, *étonnée.*

Que signifie ? Aurais-je fait erreur ?
Qui donc vous envoya ?

SIÉBEL

Qui m'envoya ? Moi-même.

MARGUERITE

Ce n'est pas Méphisto ?

SIÉBEL

Le démon ? Lui ? Horreur !

MARGUERITE

Et que demandez-vous ?

SIÉBEL

Rien du tout. Je vous aime
Sans espoir et sans but, d'un amour fraternel
Depuis longtemps, depuis toujours ; je suis Siébel.

ENSEMBLE

MARGUERITE, *éclatant de rire.*

C'est toi, Siébel... Quelle aventure,
Rassure ton cœur en émoi,
Je suis toujours modeste et pure,
Tu n'as pas à rougir de moi.

SIÉBEL

Ah ! mon pauvre cœur se rassure
Tu voulais rire, je le vois
Et te voilà modeste et pure,
Ma Marguerite d'autrefois.

MARGUERITE

Comment, c'est toi, mon pauvre Siébel ?

SIÉBEL

Dame Marthe ne vous avait donc pas prévenue de
mon arrivée ?

MARGUERITE

Non.

SIÉBEL

Pourtant, elle vous a remis mon bouquet... le bouquet que j'ai cueilli...

(Il montre le parterre dévasté.)

MARGUERITE

C'est toi ?... Ah ! bien, mon pauvre garçon, je ne
te conseille pas de te trouver en face de mon mari...
Il parle de t'étrangler.

SIÉBEL, *effrayé.*

M'étrangler !... Je ferais peut être mieux alors de
ne pas rester ici... *(Il voit entrer Méphisto.)* Ah !
le Démon !

*(Il cherche à se glisser le long de la maison pour gagner
la porte.)*

SCÈNE XIII

LES MÊMES, MÉPHISTO.

MÉPHISTO, *de mauvaise humeur.*

Bredouille ,

MARGUERITE

Bredouille ?

MÉPHISTO

Chou blanc !... Je n'ai fait que tâter le terrain, sans vous nommer... aucun succès... triste génération. (*Apercevant Siébel.*) Tiens, quel est ce jeune homme ? (*Il lui barre le passage.*)

MARGUERITE

C'est Siébel.

MÉPHISTO

Siébel ?

MARGUERITE

Il est changé ! Je ne l'avais pas reconnu, moi non plus. Je le prenais pour un Capitaine envoyé par vous.

MÉPHISTO, *à Marguerite.*

Eh bien, mais voilà notre affaire !

MARGUERITE

Siébel ?... Oh non, pas Siébel... Je l'ai connu trop petit. Un militaire anonyme, un permissionnaire, passe... mais pas Siébel... D'abord, il est trop laid.

MÉPHISTO

Laid ? Lui ?... Vous ne l'avez pas regardé... Siébel mon petit Siébel... approchez...

SIÉBEL

'Laissez-moi, Monsieur, je ne vous connais pas.
(Il boude.)

MÉPHISTO, le montrant à Marguerite.

Il est superbe, au contraire, quelle prestance ! Vous ne trouverez pas mieux.

MARGUERITE, butée

Non, vous dis-je.

MÉPHISTO

Vous m'aviez promis.

MARGUERITE

Pas Siébel.

MÉPHISTO

Mais puisque je n'ai pas autre chose à vous offrir.

MARGUERITE

J'attendrai.

MÉPHISTO

Des façons, des manières... Faust n'en fit pas tant quand je lui proposai de me suivre à Walpurgis.

MARGUERITE

A Walpurgis ?

MÉPHISTO

Et quand je le présentai à Hélène, à Thaïs, à Phryné.

MARGUERITE

Qu'est-ce que c'est que ces femmes-là ?

MÉPHISTO, *avec fatuité.*

Des amies à moi, des courtisanes célèbres.

MARGUERITE

Il ne m'a jamais dit qu'il avait été à Walpurgis.

MÉPHISTO

Un mari ne se vante jamais de ces choses-là... Et si vous saviez comme il s'y est conduit à Walpurgis!... Voulez-vous voir, comme il s'y est conduit ?

MARGUERITE, *jalouse.*

Ma foi, je serais assez curieuse...

MÉPHISTO, *à part.*

Je la tiens... Attends, je n'ai qu'un signe à faire. (*Il va pour faire un signe et s'arrête.*) Ah ! j'oublie toujours que je ne suis pas capable... (*S'adressant à Satan.*) O mon Maître, permets que je lui fasse voir... C'est dans ton intérêt... Alpho, Rello, Jelserichel ! Intercédez pour moi... C'est pour la bonne cause... (*Geste de conjuration.*) Ibris, Palimitis, Caudebat, Saudebat, Pagas, Orbat, Orbot, Astaroth ! Astaroth !... (*La nuit est venue. Roulement lointain de tonnerre.*) Ah ! il a compris... (*Le fond s'éclaire peu à peu.*) Merci, patron.

SCÈNE XIV

LES MÊMES, HÉLÈNE, *puis* FAUST

LA NUIT DE WALPURGIS

(Dans une vapeur lunaire parait Hélène. Elle regarde de tous côtés, tout en dansant.)

BALLET

MARGUERITE

Quelle est cette dame?

MÉPHISTO

C'est Hélène... la belle Hélène.

MARGUERITE

Elle semble chercher quelqu'un.

MÉPHISTO

Celui qu'elle attend ne va pas tarder à paraître...
Et tenez, le voici.

(Faust parait.)

MARGUERITE, *stupéfaite.*

C'est Faust.

SIÉBEL

Oh ! votre mari !

(Il se sauve dans la maison.)

MARGUERITE

Eh bien quoi donc ?... Il lui prend la taille ?... il

l'embrasse... et elle se laisse faire, la coquine... Ah !
c'est trop fort.

(*Hélène emmène Faust.*)

MÉPHISTO

Tenez, les voilà qui disparaissent tous deux dans un
bosquet.

MARGUERITE

Le perfide !

MÉPHISTO

Est-ce que cela ne crie pas vengeance ?

MARGUERITE

Si ! si !

MÉPHISTO

Vengez-vous donc, vengez-vous !

MARGUERITE

Oui, il l'aura voulu... Ah ! le traître ! l'ingrat ! le
misérable !

(*Elle disparaît dans la maison.*)

SCÈNE XV

MÉPHISTO *seul, puis* DAME MARTHE.

MÉPHISTO, *seul.*

Enfin ! (*A Satan.*) Tu peux rallumer... C'est fait!...
Je suis pardonné... Je vais redevenir le maître de
l'univers, le maître omnipotent... Il me semble déjà
sentir, dans mes veines, couler un sang nouveau...

si je pouvais m'assurer... sur qui essayer ce pouvoir qui m'est rendu... (*Marthe paraît portant un seau d'eau.*) Oh !... me venger d'abord. Ah ! tu me prives de tabac... Ah ! je ne suis qu'un vieux débris.

MARTHE

Qu'est-ce que vous avez à marmotter entre vos dents ? (*Elle va au puits. Méphisto la suit en faisant de grands gestes.*) Eh bien quoi ? Qu'est-ce qui vous prend ? Tenez-vous donc tranquille. Ne vous échauffez pas inutilement.

(*Elle puise de l'eau.*)

MÉPHISTO, *avec force gestes.*

En veau... Je te change en veau.

MARTHE, *calme.*

C'est cela... en veau... Ne le contrarions pas... en veau... (*A part.*) Il me fait de la peine.

(*Elle rentre dans sa cuisine.*)

SCÈNE XVI

MÉPHISTO, *puis* FAUST.

MÉPHISTO, *stupéfait.*

Comment ? Rien ?... (*Il regarde du côté de la maison.*) Se moque-t-on de moi là-dedans ? (*Bruit de gifle.*) Une gifle ?... A la bonne heure... voilà qui me rassure. (*Voyant Faust.*) Oh ! Faust...

(*Il se cache derrière l'arbre.*)

QUATUOR

FAUST

Salut, demeure chaste et pure !... Il faut
Que de ma brutalité de tantôt
J'aille à Marguerite
Demander pardon tout de suite.

MÉPHISTO, *à part.*

Ah ! mais non !

(Geste.)

FAUST, *arrêté sur les jarrets.*

Eh bien, qu'est-ce qui me prend ?
Voilà que je ne puis faire un pas en avant.

MÉPHISTO, *triomphant.*

Tiens, tiens, ça va !... Et maintenant,
Occupons-le...

(Geste.)

FAUST

C'est extraordinaire,
Je sens comme une main qui me tire en arrière.
*(Il est amené jusqu'au rouet, s'assied et se met à
filer.)*

MARGUERITE, *dans la coulisse.*

Anges purs, anges radieux !

SIÉBEL, *de même.*

Portez mon âme au sein des cieux.

MARGUERITE, *dans la coulisse.*

A toi, je m'abandonne !

SIÉBEL, *de même.*

Je suis à toi, pardonne.

FAUST

C'est sa voix... mais en même temps,
Curieux effet d'acoustique,
Une autre voix que j'entends
Semble lui donner la réplique.

MÉPHISTO

O bonheur ! O joie infinie
J'ai retrouvé ma force et mon génie !

SCÈNE XVII

LES MÊMES, MARGUERITE, SIÉBEL.

FAUST, *s'élançant vers elle.*

O Marguerite !... (*Voyant Siébel.*) Quel est ce militaire ?

MARGUERITE

C'est Siébel.

FAUST

Siébel ?... Le petit Siébel !... Oh ! mais c'est un homme à présent. (*A Marguerite.*) N'est-ce pas ?

MARGUERITE, *baissant les yeux.*

En effet, c'est un homme.

FAUST, à *Marguerite.*

J'ai été méchant, tout à l'heure... Si, si, très méchant... Pour te prouver mon repentir, je vais aller te cueillir un bouquet. (*Montrant les plates-bandes.*) Non, pas de ces vilaines fleurs médicinales... Un bouquet de fleurs des champs... Je reviens à l'instant.

(Il disparaît, à gauche, dans le jardin.)

MARGUERITE, à *Méphisto.*

Vous allez, j'espère tenir votre promesse.

MÉPHISTO

Ne craignez rien. Je vais vous le rendre jeune, très jeune... (*Riant.*) Nous lui devons bien cela... (*Gestes vers la coulisse.*) Conjuro te, per Aelim, per Olim, per Saboan, per Aelion, per Adonaï...

(Faust reparaît. C'est un tout petit garçon de cinq à six ans. Il tient dans ses bras un gros bouquet qu'il a peine à porter.)

LE PETIT GARÇON

Tiens, Marguerite, voilà mon bouquet.

MARGUERITE

Quel est ce petit garçon ?...

(Elle prend le bouquet.)

MÉPHISTO, à *part.*

C'est Faust... c'est notre cher ami. (*A part.*) J'en ai trop mis.

FAUST, *à Marguerite.*

Oh ! comme te voilà grandie !... Et Méphisto aussi...
Vous avez grandi...

(Marguerite, rendue muette, montre à Méphisto son ouvrage.)

MÉPHISTO

Oui, oui... J'en ai trop mis... Je vais arranger ça.

FAUST

O un papillon !...

*(Il saisit un filet à papillons et sort en courant après le
papillon.)*

MARTHE, *paraissant.*

Que se passe-t-il ?

MÉPHISTO, *impatienté.*

En veau ! En veau !... (*Marthe disparaît. A Marguerite.*) Je vais arranger ça... (*Il se tourne du côté par
lequel Faust est sorti.*) Ibel, Labes, Chabel, Habel,
Rabel, Agera, Procha...

*(Faust reparaît, courant toujours après son papillon. Il est
devenu très vieux. C'est le Faust du prologue de l'Opéra.)*

FAUST

Ouf ! Cet exercice n'est plus de mon âge.

*(Il tombe sur un siège. Marguerite fait à Méphisto des
gestes désespérés.)*

MÉPHISTO

Que voulez-vous... Je n'ai plus l'habitude.

FAUST, *chantant.*

Je vais m'asseoir sur les coteaux
Qui sont voisins de la rivière,
Et verrai passer les bateaux
En vidant mon verre.

(Il sort par le fond.)

MÉPHISTO

Je vais arranger ça... Soyez tranquille. Je vais arranger ça...

(La porte de la cuisine s'ouvre. Un veau paraît. Il est coiffé du bonnet de Dame Marthe.)

MARGUERITE

Oh ! qu'est-ce que c'est que ça ?...

MÉPHISTO, *triomphant.*

Ça... C'est Dame Marthe... ah ! tu me prives de tabac...

(Il sort par le fond en chantant.)

Le veau d'or est toujours debout.

(Marguerite donne de l'herbe au veau que caresse Siébel.)

RIDEAU

Versailles. — Imprimeries CERF, CH. BARBIER, Succ.